# LE TRAVAIL
DE
# LA FEMME
DANS
## L'IMPRIMERIE TYPOGRAPHIQUE

SES CONSÉQUENCES PHYSIQUES & MORALES

PAR

Jacques ALARY

PARIS
C. MARPON & E. FLAMMARION, ÉDITEURS
26, RUE RACINE ET GALERIE DE L'ODÉON, 1 A 7

1883

# LE TRAVAIL

DE

# LA FEMME

DANS

## L'IMPRIMERIE TYPOGRAPHIQUE

SES CONSÉQUENCES PHYSIQUES & MORALES

# LE TRAVAIL

DE

# LA FEMME

DANS

## L'IMPRIMERIE TYPOGRAPHIQUE

SES CONSÉQUENCES PHYSIQUES & MORALES

PAR

Jacques ALARY

PARIS

C. MARPON & E. FLAMMARION, ÉDITEURS

26, RUE RACINE ET GALERIE DE L'ODÉON, 1 A 7

1883

A MON CHER CONFRÈRE ET AMI

VICTOR LAGRANGE

DÉPUTÉ DU RHÔNE

**Membre de la Fédération typographique française**

# LE TRAVAIL

DE

# LA FEMME

DANS

## L'IMPRIMERIE TYPOGRAPHIQUE

### SES CONSÉQUENCES PHYSIQUES & MORALES

---

En 1880, à Bruxelles, lors de la célébration des fêtes du cinquantenaire de l'indépendance belge, le premier Congrès typographique international, après des débats approfondis, repoussa à l'unanimité le travail de la femme dans l'imprimerie. Les nombreux assistants, venus de différents pays, accueillirent par un tonnerre d'applaudissements ce vote que devait, l'année suivante, confirmer dans ses assises le Congrès typographique de Paris, d'où naquît notre Fédération, ce phare qui doit éclairer les Sociétés typographiques françaises au milieu des difficultés industrielles, comme l'étoile polaire guide les navigateurs à travers l'immensité des mers.

Malgré les décisions rendues par ces deux congrès, un journal, qui a la prétention injustifiable de représenter la classe ouvrière et dans son impuissance à la diriger tente de l'agiter, a remis en discussion cette importante question. Il rêve, sous prétexte d'émancipation, de faire de la femme un instrument docile de l'industrialisme, sans se rendre compte des raisons économiques, physiologiques et surtout morales qui nous ont fait repousser son emploi.

Il ne nous appartient pas de rechercher les causes intéressées qui font agir cet organe socialiste absolument comme s'il était notre pire adversaire, en préconisant un système de laisser-faire dont le résultat le plus clair est de mettre en antagonisme l'ouvrier et sa compagne, et cela au détriment de tous les deux. Nous croyons toutefois accomplir un devoir en présentant aux intéressés le résultat de nos observations sur cet intéressant sujet.

De toutes les questions agitées à notre époque par les généreux esprits qui s'intéressent à ce qui touche au bien-être physique et moral de l'ouvrier typographe, il n'en est pas de plus palpitante que celle de l'abandon par la femme du foyer domestique ; son introduction dans l'imprimerie, au moment où cette industrie dispose de beaucoup plus de bras qu'elle n'en peut occuper, n'a d'autre but que de retirer aux ouvriers toute sécurité, toute indépendance, en multipliant les chômages déjà si nombreux, au nom d'une prétendue science sociale, qui proclame que la liberté à outrance dans le travail est le meilleur excitant au progrès; mais qui pour nous a pour effet d'amoindrir, de démoraliser le travailleur, en l'expulsant de l'atelier, c'est-à-dire du banquet social, de la possibilité de vivre.

L'emploi de ce déplorable facteur de production n'a jamais enrichi les maîtres imprimeurs à bout d'expédients, qui ont tenté vainement de réaliser des économies préjudiciables à la bonne exécution du travail, en faisant baisser le prix du mille, mais au contraire a amoindri leurs bénéfices, puisque le chiffre des étoffes diminue proportionnellement au rabais exigé par les éditeurs sur le prix de la composition, basé d'après le salaire inférieur accordé à la femme. Les libraires mis au courant de cette spéculation ne laissèrent pas les imprimeurs en jouir tranquillement, ils réclamèrent impérieusement des diminutions sur les tarifs généraux, comme ils l'ont fait à une autre époque pour le prix des tirages, lors de l'introduction des presses mécaniques, qui amenèrent un perfectionnement de l'outillage, lequel doit seul nous procurer des produits à bon marché, en abrégeant la main-d'œuvre.

Si la science sociale a pour objectif de rechercher les voies et moyens d'améliorer le sort du travailleur, ce n'est pas en le condamnant à mourir de faim, en opposant systématiquement la femme à l'homme, que l'on arrivera à établir entre les diverses classes de la société une ère de concorde. Inégalement partagés en force physique, destinés aux fonctions différentes de la paternité et de la maternité, s'ils ont des droits et des devoirs communs, ils en ont de spéciaux, qui naissent de la diversité de leur être ; dans l'ordre économique, l'emploi de la femme n'a jamais été qu'un moyen hypocrite de baisser le salaire de l'homme ; les conséquences en sont naturellement déduites par ce fait, que la misère doit s'accroître proportionnellement aux économies introduites dans la main-d'œuvre.

Faire concurrence au père ou au mari par la fille et la femme, de manière à augmenter ses profits, le possesseur du capital n'a jamais vu autre chose dans le travail féminin. Peu lui importe la suppression du foyer domestique ouvrier, la destruction de la famille ouvrière ; à travail égal, la femme pouvant être payée moins que l'homme, en d'autres termes rapporter d'avantage à ses employeurs, cela a suffi à ces derniers pour la convertir en outil.

Il est inadmissible que l'homme puisse vivre à l'état de frelon et rester à la maison pour soigner le ménage, servir de bonne d'enfant, pendant que sa femme occupe sa place à l'atelier ; encourager un pareil état de choses, c'est entretenir le mari dans le vice et la paresse. Il avait bien le sentiment du devoir, le confrère qui fit un jour cette fière réponse au président du tribunal qui lui demandait pourquoi il ne voulait pas laisser travailler les femmes ? « C'est, répondit-il, parce que nous voulons travailler pour elles; » paroles chevaleresques de l'homme de cœur qui ne veut pas être un parasite.

Les femmes, disent certains économistes intéressés, ont une aptitude marquée pour lever la lettre, étant douées d'une agilité de doigts et d'une sûreté de coup d'œil que les hommes sont loin de posséder; c'est une profonde erreur, car la nature, assignant à chaque sexe ses fonctions, rend la femme impropre à exercer le métier de compositrice, en raison de la faiblesse de ses reins, qui l'empêche de composer assidûment debout ou assise pendant un laps de temps assez long. Par son essence délicate et les petites incommodités inhérentes à son organisation physique, elle ne peut exécuter une foule de travaux pénibles, tels que la correction en feuilles, au marbre ou à la machine, avec la poitrine courbée en deux ; la mise en pages et l'imposition, qui la forcent encore à rester continuellement debout, ce qui est pour elle un grave danger à des époques périodiques. Il y a aussi le transport et la pose sur le marbre de formes pesant 30 à 40 kilogrammes, exigeant une certaine dépense de force, la confection des affiches et autres travaux non moins durs, auxquels résistent difficilement les hommes les mieux constitués. Tout cela dans une atmosphère dangereuse, empestée, d'huile rance, d'essence et autres, particulière aux imprimeries de Paris, dont quelques-unes sont dans un état de malpropreté indescriptible, au point que des charretiers hésiteraient à les transformer en écuries pour y loger leurs chevaux.

Dans notre superbe métropole, dont les parisiens sont si fiers, offrant aux yeux émerveillés de l'étranger le spectacle de tant de grandioses constructions qui paraissent être le dernier mot du confortable, il y a des compositions de journaux entassées dans ces taudis privés d'air et de lumière ; les ouvriers y sont, par conséquent, condamnés à ne pas voir clair et à ne pas respirer ; aussi meurent-ils presque tous jeunes, sans que le Conseil d'hygiène et de salubrité de la Seine, se soit jamais occupé de cette cause de mortalité considérable. On frémit en pensant à ces pauvres compositeurs pâles, étiolés, marqués par la phthisie, obligés de travailler sous un bec de gaz constamment allumé dans cet air délétère, à une température de 45 degrés. Ne serait-ce pas horrible de mettre des femmes dans ces cavernes obscures, où la Société protectrice des animaux ne tolérerait pas que l'on fit séjourner les bêtes d'une ménagerie.

Aujourd'hui que l'on se préoccupe de l'hygiène avec une attention extrême et un zèle des plus louables, l'esprit se trouble, le cœur se resserre, lorsque l'on songe que dans notre pays, renommé à juste titre pour être si généreux, si humain, il y a des milliers de créatures qui croupissent dans ces ateliers immondes, parfois dans des caves, exposées à une multitude de maladies, malgré les circulaires ministérielles et les efforts du Conseil municipal. La santé étant au travail ce que le capital est au revenu, s'il n'est pas permis d'enlever à l'ouvrier son porte-monnaie dans sa poche, il ne doit pas plus être toléré de lui compromettre la santé, qui est toute sa fortune. Tuer et voler ainsi le travailleur peut quelquefois enrichir un individu, mais cela appauvrit d'autant la société.

Pour l'exécution des diverses fonctions énumérées plus haut, exigeant une vigueur et surtout une agilité continue qu'elle est loin de posséder, la femme se fera aider par un manœuvre, Il arrivera au compositeur qu'après avoir fait un apprentissage de plusieurs années et passé une partie de son existence dans les imprimeries, le patron philanthrope daignera lui accorder une place d'homme de peine dans ses ateliers à 3 francs par jour, pendant que la femme gagnera 6 francs. S'il n'a pas cette chance, il ira offrir l'emploi de ses bras dans une autre industrie, jusqu'à ce qu'une découverte le déplace encore une fois et le force à chercher ailleurs de la besogne, ce qui amènera une surabondance de bras dans l'industrie où il se sera réfugié. Ce mode d'expropriation forcée ne peut qu'entretenir des ferments mauvais dans le cœur de celui qui en est la victime, contre le possesseur de l'outil, avec lequel il devrait toujours vivre en bonne harmonie, au mieux des intérêts réciproques.

Imposer dans l'atelier, à cette nature faible et douce, une sorte de vie publique, c'est blesser sa dignité, alarmer sa pudeur, la priver du seul milieu où elle puisse être heureuse. Ce n'est pas impunément qu'une personne délicate, impressionnable, recevra le fâcheux mélange de cent choses vicieuses : l'influence des esprits immondes, le pêle-mêle d'émanations putrides et de mauvaises pensées qui plane sur nos sombres ateliers, tout contribuera à flétrir cette ravissante créature, privée de lumière et surtout d'air vital, l'aliment des aliments.

Dans certaines imprimeries où les ateliers sont mixtes, un pareil état de choses ne peut subsister longtemps sans amener à la suite les plus grands désordres ; du contact des deux sexes résulte la corruption la plus révoltante. Il est presque impossible à la jeune fille, cette tendre fleur que le moindre souffle peut ternir, et dont les yeux ont des lueurs d'aurore au moment où le cœur commence à battre, il lui est presque impossible, disons-nous, de rester chaste ou d'isoler sa pensée, dans cette promiscuité forcée, qui ne lui laisse le plus souvent ni la pureté de l'âme, ni la virginité du corps, causes déterminantes des vertus qui font l'ornement de son sexe. Elle devient alors, comme fiancée, d'un placement difficile, et ne peut plus apporter en dot à son mari ce capital idéal que le premier goujat venu a su lui ravir lorsqu'elle était pour ainsi dire sans défense, dans un moment d'énervement ou de dépression morale. De plus, en perdant l'honneur elle peut gagner un enfant, ce qui est une triste compensation. Cette situation est douloureuse, parce qu'elle pousse fatalement la femme au vice, et lui ôte la libre disposition d'elle-même.

Sa mission sur terre étant toute intime, c'est l'en détourner que de développer chez elle la vie d'atelier, elle peut se trouver là forcément en contact avec des hommes de qui elle dépend, puisque dans l'industrie typographique un atelier absolument féminin est impossible. Le metteur en pages ou l'homme de conscience vicieux, qui possède l'art d'insulter à la pudeur dans la langue verte qu'il a apprise dans les bouges mal famés, voulant captiver la compositrice, se livre sans vergogne à des complaisances payées par la poche du patron, dont les intérêts sont le plus souvent sacrifiés à la galanterie. De sorte que le distributeur des travaux distribue également ses grâces par droit de suzeraineté à la gent corvéable à merci et miséricorde, laquelle ne se sent pas la liberté suffisante pour les repousser.

Est-il possible qu'une femme reste indépendante et libre lorsque son pain de chaque jour est à la discrétion du chef d'atelier? Réduite à cette situation humiliante, en perdant sa dignité et sa liberté, elle ne s'appartient plus et ne tarde pas à immoler sa pudeur aux caprices immoraux de celui auquel elle est subordonnée, dont elle devient désormais la créature et la vassale. Dépourvue, disons-nous, de la qualité essentielle de son sexe, la pudeur, dignité personnelle qui idéalise la vie de l'honnête femme, sa figure s'altère dans le même sens que ses mœurs, elle se déforme, prend le regard, la voix et l'allure grossière des hommes qu'elle fréquente dans l'atelier; elle retombe enfin à l'état de nature ou de simple femelle.

Plus tard, la pauvre victime d'une odieuse spéculation, suivant son degré de beauté, de fraîcheur, ira grossir le bataillon des mondaines dégradées qui vendent les fleurs de leur jeunesse au premier passant venu ; si elle est devenue trop laide pour trouver des amants, fut-ce dans le ruisseau, elle ira échouer sur les dalles froides de la Morgue. Si on la juge à juste titre avec sévérité, que penser de l'homme qui l'aura jetée de gaieté de cœur dans cet opprobre.

Il est probable que, si les femmes des maîtres imprimeurs et des ouvriers étaient consultées, elles ne seraient pas favorables à l'intrusion de leur sexe, dont elles connaissent si bien les souffrances physiques, dans un métier dont le niveau moral baissera rapidement par suite des liaisons éphémères et interlopes qui peuvent s'y former, apportant ainsi la perturbation dans les familles.

Un illustre écrivain, Michelet, qui fut typographe dans sa jeunesse, raconte dans un de ses livres que des fabricants anglais, énormément enrichis par les machines, vinrent se plaindre à Pitt et lui dirent : Nous n'en pouvons plus, nous ne gagnons pas assez ! l'impitoyable homme d'État répondit un mot effroyable qui pèsera éternellement sur sa mémoire : Prenez les enfants.

Combien plus coupables encore sont ceux qui prennent les femmes, qui ouvrent à la misère de la fille des villes, à l'aveuglement de la paysanne, la funeste ressource du travail exterminateur et malpropre de l'imprimerie, qui ne les garantit un instant des privations, que pour les rejeter après épuisement au coin de la borne, sans asile et sans pain. Ils n'y regardent pas de si près, s'ils le pouvaient ils prendraient des enfants de huit ans; heureusement une loi récente protège ces petits malheureux. Qui dit la femme, dit l'enfant; en chacune d'elles qu'on détruit, une famille est détruite, plusieurs enfants, et l'espoir des générations à venir. C'est l'esclavage sans la garantie que l'esclave trouve nécessairement dans le prix qu'il a coûté à son propriétaire.

Les raisons signalées ci-dessus, et non un sentiment étroit de jalousie corporative, suffiraient pour faire repousser le travail des femmes, expédient aussi profondément immoral qu'improductif, l'atelier de femmes dans l'imprimerie étant un sérail, pour ne pas dire autre chose, que de prétendus philanthropes, pour grossir leurs bénéfices commerciaux et surtout avoir sous la main de faciles amours, veulent nous imposer au nom de la liberté du travail et de l'émancipation de la femme.

On ne saurait trop féliciter les puissances qui

poursuivent l'esclavage jusque dans ses derniers asiles et usent pour le faire disparaître de toute l'influence morale dont elles disposent. On a pu souvent se demander pourquoi la France, ou tout autre pays également ennemi du commerce de la chair humaine, consacrent leur sollicitude à des esclaves noirs, tandis que sous leurs yeux se fait la traite d'esclaves blanches sans qu'on semble s'en apercevoir.

La partialité ne saurait être de mise en pareille occurrence; dans tous les cas, elle ne peut être déterminée par la couleur des victimes. On poursuit il est vrai l'esclavage en Afrique; on devrait bien lui donner aussi la chasse à Paris, ce grand marché aux esclaves, qui s'étale sous le nom trompeur de liberté du travail. C'est la force, c'est la vie de celle qui nous nourrit de son amour, de son lait et de son sang, qu'achètent pour la bouchée de pain du salaire, les faux humanitaires qui veulent introduire la femme dans nos ateliers; ces humanitaires que la vue d'une esclave noire ferait bondir d'indignation et qui cessent de s'émouvoir devant une esclave blanche, à moins que ce ne soit pour se livrer sur elle à tout l'emportement des sens.

Quelle est la négresse de la Havane ou la circassienne de Constantinople qui consentirait à échanger la maison turque ou l'hacienda espagnole contre une place dans l'imprimerie. Celles-là du moins ne craignent pas le chômage, sont nourries par leurs maîtres; qu'on n'argue pas surtout de la différence entre la compositrice, qui ne serait que chair à travail, et la circassienne ou la négresse tombées à l'état de chair à plaisir. Nous renverrions nos contradicteurs, qui sont loin de posséder intact le sens de l'humanité, aux ateliers où souvent s'exerce dans toute sa plénitude, le monstrueux droit du seigneur tant reproché à l'ancien régime, au profit non seulement du maître, mais surtout encore des prote, metteur en pages et autres, faisant partie du personnel dirigeant, qui n'ont ordinairement rien de l'eunuque d'Orient.

Il n'est pas un compositeur ayant travaillé dans les ateliers mixtes, qui ne soit au courant de cet état de choses écœurant, l'accouplement au hasard comme les bêtes d'un troupeau; l'air de l'imprimerie aidant, au bout de quelques mois il arrive à le trouver naturel et ne s'en occupe plus. Les bons exemples maintenant à peine les bonnes mœurs, on ne peut espérer trouver la moindre notion de pudicité, de modestie, d'honneur, dans ces cloaques impurs, où les mots cyniques répondent aux apostrophes grossières. Si l'on jetait le soir au plafond toutes les pages déchirées du roman obscène que les malheureuses viennent de composer, il n'y aurait pas dans l'air plus d'ordurières paroles. L'on s'étonne après cela de trouver chez les prolétaires de la répugnance pour le mariage, le plus doux et le plus respectable de tous les pactes, puisqu'il est le résultat combiné du libre arbitre et du sentiment de préférence qui détermine deux êtres à s'unir, pour parcourir la route aux horizons sans limites, où le ciel se confond avec la terre.

Aux femmes des classes aisées, à celles qui se sentent doucement abritées par la famille, aux brillantes, aux heureuses à juger si le séjour de l'imprimerie est pour la femme et la fille du pauvre un paradis, s'il est conforme aux règles de la logique de lui imposer, comme nous l'avons dit, un travail en opposition avec sa complexion ; si la mère, sainte providence, génie tutélaire du foyer, détournée forcément de ses devoirs, doit être transformée en un instrument de travail. La fin du mariage étant à la fois la production de l'enfant, sa conservation morale et physique, le soin de son éducation comme celui de sa vie ; que deviendra l'enfant, auquel elle n'aura même pas le temps de sourire, que deviendra la famille, si cette mère, arrivant de son travail harassée, n'a pas une heure à donner à son ménage, ni même le temps de prendre un repos en quelque sorte engourdi, entre le labeur du jour et celui du lendemain.

Enseigner l'enfance est vraiment dans la condition logique de sa destinée, de sa mission ; elle est dans le rôle qui est absolument le sien ; elle possède la douceur, la sollicitude, le dévouement indispensable aux éducateurs de la jeunesse. Faire saisir à l'enfant l'esprit de l'étude, la lui rendre attrayante, intelligible, est la fonction de la femme ; elle possède au plus haut degré, les facultés nécessaires pour la remplir. Cette prérogative est indiscutable, c'est une loi de la nature ; chez les animaux, la mère élève les petits, et les élève très-bien selon leur condition d'existence. Quel est celui d'entre nous qui peut oublier que nous naissons des entrailles de la femme, que notre longue faiblesse aux débuts de la vie est soutenue par sa sollicitude, que nous vivons de son allaitement, que ses soins seuls nous font échapper aux mille causes de mort dont notre enfance est entourée; que c'est notre mère qui, après avoir fait en quelque sorte notre corps avec son sang, après avoir fortifié nos organes physiques, ouvre notre cœur et notre esprit aux premières tendresses par le sourire et aux premières idées par la parole? A son contact, il ne vient à l'esprit que des pensées de respect, au cœur que des élans de tendresse : vie, santé, intelligence, germes de tout ce qui nous fera forts pour les combats de la vie, toutes les éloquences de la nature nous disent que c'est à notre mère que nous les devons.

Autrefois, la femme manquait d'instruction, des préjugés religieux perpétués par des professeurs imposteurs ou ignorants, tenaient sa raison en servitude ; ce temps de ténèbres est passé, elle doit s'employer le plus possible à l'éducation de l'enfance, puisque c'est là sa vocation et que son émancipation intellectuelle le lui permet.

Donnons-lui le rôle du soleil dans notre système planétaire pour éclairer, réchauffer ce petit être, représentant l'avenir, dont elle sait admirablement soigner le moral et le physique, chez lequel surtout ce double développement doit se maintenir en parfait équilibre ; elle sait le faire heureux, mot qui signifie à la fois bon, intelligent et bien portant ; elle lui donne un caractère aimable, des joues roses, des yeux brillants, et par conséquent une compréhension vive et juste. Ne supprime-t-elle pas d'un coup toutes les difficultés de l'éducation, et ne rend-elle pas à ceux qui la termineront la tâche facile. La direction d'une mère, près de laquelle on respire un air sain lorsqu'il y a de la chasteté et de l'honneur, sera toujours plus profitable pour son enfant que celle d'une étrangère ; elle seule peut former pour la société des cœurs ardents, généreux, dignes de la liberté, et, au besoin, sachant la conquérir.

Un fait qu'on n'a peut-être pas assez mis en lumière, et qui mérite d'être consigné, c'est la mortalité qui sévit sur les femmes employées dans l'imprimerie lorsqu'elles deviennent mères ; d'après une statistique de 1873, il en meurt 75 p. 100 à l'hôpital. Quelle effrayante réalité de constater que leur plus grande joie en ce monde, la maternité, est la mort à courte échéance ! C'est une cause de la dépopulation amenée par le travail industriel que le progrès impose à la femme, indépendamment des autres maladies qui la menacent comme nous. Elle peut être assimilée à ces plantes annuelles ou bisannuelles qui, après avoir parcouru la période de leur développement, puis arrivées à celle de leur fécondité, périssent avec la chute de leur fruit, comme si la fonction de reproduction était la raison unique, le but final de leur courte existence.

Qu'importe à certains chefs d'industrie que cette femme ne dure que dix ans, si dans ces dix ans elle a donné tout le travail que la vie entière d'un ouvrier doit produire; qu'importait dans l'antiquité aux Pharaons de faire mourir comme un vil troupeau une population entière, si sur les cadavres s'élevait une pyramide! Les maîtres imprimeurs, que nous ne prétendons pas comparer aux Pharaons, ont à édifier des monuments intellectuels plus merveilleux que les pyramides. Il ne faut pas cependant que ces merveilles tuent ceux qui les créent, mais qu'elles soient au contraire leurs moyens de vie et de progrès, en leur ouvrant une ère de tranquillité et de bien-être.

Le poète Aug. Barbier a décrit sur un rythme mélancolique, avec des paroles désolées, les souffrances de nos sœurs dans l'atelier; nous en donnons le fragment suivant qui laisse au cœur, sinon des larmes, du moins un profond sentiment de tristesse :

Pleurez, criez, enfants dont la misère
De si bonne heure a ployé les genoux,
Pleurez, criez : les animaux sur terre
Les plus soumis à l'humaine colère
Ne sont jamais si malheureux que nous.
La vache pleine et dont le terme arrive
Reste à l'étable, et, sans labeur nouveau,
Tranquillement sur une couche oisive
Va déposer son pénible fardeau ;
Et moi, malgré le poids de mes mamelles,
Mes flancs durcis, mes douleurs maternelles,
Je ne dois pas m'arrêter un instant :
Il faut toujours travailler comme avant,
Vivre au milieu des machines cruelles,
Monter, descendre, et risquer en passant
De voir broyer par leurs dures ferrailles,
L'œuvre de Dieu dans mes jeunes entrailles !

Il n'est pas admissible en économie sociale, que les métiers d'homme soient pris par la femme et les métiers de femme par l'homme ; surtout quand l'unique but de cette substitution est de faire baisser les salaires en mettant en antagonisme l'élément masculin et l'élément féminin. C'est un système de bascule dégradant, avilissant pour l'ouvrier qui le subit, comme pour le patron qui l'impose.

La constitution actuelle du salaire, qui réduit l'homme en servage quasi féodal, repousse l'ouvrière jusqu'à la barbarie, la ramène au temps où elle était vendue, et nous avons, dans certaines imprimeries de Paris, de véritables harems d'esclaves, quand les Turcs eux-mêmes n'en veulent plus, décorés du titre pompeux d'écoles professionnelles de jeunes filles, qu'on devrait plutôt appeler écoles du vice, organisées par la cupidité jointe à l'immoralité, au mépris de toutes les convenances sociales.

Si nous n'avions pas confiance dans le bon esprit de nos patrons pour sortir de cet abîme hideux, nous n'oserions pas le sonder ; aussi attendons-nous avec confiance le moment de transformer pacifiquement cette odieuse organisation du travail, si préjudiciable aux intérêts de tous. Elle est pour nous comme une triste réminiscence de ces vieilles mœurs de la tradition saxonne, qui donnait à l'homme le droit de traîner sa femme au marché à la façon d'un animal domestique pour la vendre, ou la louer comme servante, afin d'en tirer profit.

Il est incontestable que la femme est faite pour être protégée, pour vivre, jeune fille, auprès de sa mère, épouse, à s'appuyer sur son mari, qui doit travailler pour subvenir à ses besoins, pendant qu'elle consacre son intelligence à développer, épanouir dans la jeune âme de son enfant tout ce que la nature humaine peut comporter de généreux instincts.

En lui réservant certaines professions délicates, aujourd'hui occupées par les hommes, auxquelles son organisation frêle se prête si bien ; en rémunérant convenablement son travail, non pas comme en ce moment, d'une manière dérisoire, nous lui permettrons ainsi de s'assurer une position indépendante. Du même coup, nous lui garantirons la liberté du cœur, elle saura faire respecter son choix, en n'acceptant que l'homme qui se rendra digne de son amour.

Dans notre France, la femme qui reste au foyer domestique est distinguée physiquement, fine et délicate, elle nous domine par son esprit et son élégance ; il faut le reconnaître, c'est à cette influence que notre nation doit son caractère éminemment sociable, civilisateur qui en fait l'âme du monde et pousse au développement des sciences et des arts. Elle est parmi nous l'image de toutes les forces morales qui séduisent, idéalisent jusqu'à la matière elle-même, en inspirant les artistes et les poètes. Son pouvoir réside dans sa grâce, dans sa beauté, dans sa faiblesse même, dans le charme indéfinissable qui en fait l'ange gardien de la maison. Elle apparaît au travailleur, après une longue et dure journée de fatigue, comme une sorte d'émanation de la nature divine ; elle suspend autour de lui les fleurs de la vie ; telles ces lianes des forêts qui de leurs guirlandes parfumées décorent le tronc d'un chêne robuste, et de leur verte floraison font à sa rugueuse écorce un manteau de gaieté, La grâce et l'idéal réunis sont l'aliment dont se nourrit le courage de l'homme, développe son génie, fortifie sa conscience. Sans cette excitation puissante et douce tout à la fois, l'homme ne peut être ni laborieux, ni intelligent, ni digne ; il croupit dans la fainéantise, l'imbécilité et l'abjection.

Plus nous descendons l'échelle de la civilisation, plus la condition de la femme est misérable et digne de pitié; chez les sauvages, c'est une esclave, une véritable bête de somme à laquelle sont dévolus les plus durs labeurs. Des personnes qui ont habité la Nouvelle-Calédonie disent avoir souvent rencontré sur les grands chemins du pays, des Canaques accompagnés de leurs femmes. Celles-ci, les marmots accrochés à l'épaule, pliaient sous le poids des paniers, des sacs remplis de fruits ou de légumes, tandis que ceux-là s'en allaient chantonnant, tenant d'une main la zagaie ou le casse-tête traditionnel, et de l'autre un tison enflammé pour allumer leur pipe.

Les partisans de la complète émancipation du beau sexe par le travail trouveraient sûrement en Australie, sans crainte d'être gênés dans leurs projets de réformes, matière à exercer leur verve philantropique et les moyens d'expérimenter leurs théories de régénération de la famille en condamnant toutes les femmes aux travaux forcés, à l'instar des Mormons du Lac-Salé.

La femme n'a pas la force à son service pour assurer le triomphe de ses droits, et quand l'homme les reconnaît il s'en fait honneur à lui-même. L'extension des privilèges féminins est la véritable mesure des progrès sociaux; ce qui distingue la barbarie de la civilisation, c'est que le barbare fait de la femme une esclave, tandis que le civilisé donne le rang d'épouse à cette créature merveilleusement combinée, en laquelle éclôt et se développe l'homme lui-même, en fait la dispensatrice du savoir des générations naissantes, afin de préparer l'avenir social.

Nous lisons dans la Bible de la lumière, le *Zend-Avesṭa,* II, 284 : Tout le jour il dompte la terre, sous la garde du chien fidèle : il lui donne la bonne semence ; il lui distribue les eaux salutaires, il la pénètre par le soc, la réjouit par les fontaines, et lui-même réjouit son cœur de la bonne œuvre de la loi : il en revient sanctifié.

Compagne de cette grande vie de travail et de danger, la femme, sa puissante épouse, la maîtresse de maison, le reçoit au seuil, le refait des aliments de sa main ; il mange ce qu'elle lui donne, se laisse nourrir comme un enfant. C'est elle qui sait toutes choses, les vertus de toutes plantes, celles qui font fleurir la santé, celles qui relèvent le cœur. La femme est mage, elle est reine.

A Rome, les femmes étaient laborieuses comme les hommes, mais elles travaillaient dans leur maison, soignaient les enfants, tandis que les pères et les maris, comme Cincinnatus, étaient à la guerre ou aux champs ; Après les soins du ménage, leur grande occupation était de filer et de travailler la laine; c'était un devoir que s'imposaient les femmes qui tenaient à honneur le nom d'épouse et de mère, de faire elles-mêmes outre les robes et les ajustements, des habits pour leurs maris et leurs enfants, à une époque mâle et fière qui produisit les socialistes Tibérius et Caïus Gracchus, qui furent héroïques et bons. C'est par milliers que l'on pourrait compter les hommes illustres, dont la place est marquée dans le souvenir des peuples par une suite de nobles actions; qui n'ont dû leurs talents que grâce aux leçons d'une mère chérie. Il est certain que les enseignements salutaires et doux, sortant de la bouche aimée de la mère, se gravent au plus profond du cœur de l'enfant, et n'en sortent jamais.

Ces mœurs antiques et austères ont prévalu longtemps chez les Romains, qui les avaient consacrées dans les épousailles par une cérémonie essentielle, consistant à faire porter devant la nouvelle mariée une quenouille et un fuseau; lui rappelant ainsi d'une manière symbolique, son rôle de femme de ménage. Plus tard, elles négligèrent leur intérieur, ce passage en fait foi : « Les mères devront soigner au logis les enfants qui tettent et même ne pas les amener au spectacle. » Aussi c'est à partir du moment de la désertion des femmes du foyer domestique, que date la décadence de l'empire romain.

« Traversez l'Océan atlantique, dirigez-vous vers ce peuple nouveau et déjà tout puissant qui s'appelle les États-Unis, vous trouverez partout l'animation, le travail, l'activité, la concurrence, les usines en feu, les chemins de fer se croisant en tous sens, les navires versant sur le territoire les produits importés, se remplissant surtout de produits à distribuer sur tous les points de l'univers.

Ce peuple, livré avec ardeur à tous les travaux de l'ordre matériel, animé du désir de tout conquérir sans retard, qui s'occupe moins de la propagation du livre que de l'expédition des balles de coton ; ce peuple qui enlève la plume, le pinceau et les livres des mains de l'enfant de vingt ans, parce qu'à ses yeux ils ne sont que des instruments d'oisiveté. Ce peuple qui n'a pas institué de décorations, qui n'a pas constitué de noblesse, qui pousse le culte du réalisme jusqu'à classer un général d'armée en inactivité au-dessous d'un savetier habile ; qui dédaigne de participer au pouvoir exécutif, et ne tient pas à honneur de concourir à la confection des lois qui régissent la nation.

Examinons sur quel piédestal il place la femme, quel rôle elle joue dans l'existence de ceux qui, avec l'apparence d'une avidité égoïste, ne font en réalité qu'obéir au besoin, à la passion de créer une vie de bien-être et de luxe à la jeune fille aimée dès les premiers pas dans la vie.

Pour le citoyen des États-Unis d'Amérique, sa femme n'est pas son associée, elle ne participe à aucun de ses rudes labeurs, il veut travailler assez tout seul pour qu'elle soit exclusivement consacrée aux soins de la vie domestique ; elle est sa compagne, elle est la providence, la divinité de son foyer. Elle reçoit presque toujours les premiers épanchements de son âme et même les premiers embrassements de son amour. Elle remplit si bien la maison des douces joies de la famille, qu'elle rend infiniment rare le besoin d'aller chercher ailleurs les distractions intimes refusées aux mariages qui ne sont pas nés d'attractions mutuelles. » On n'emploie même pas les femmes aux travaux des champs, et d'après le récit de tous les voyageurs, elles n'en sont que mieux portantes et plus belles. Dans certaines contrées de la France où les femmes travaillent comme des chevaux, elles sont vieilles à trente ans et affreuses ; tandis que les hommes, qui pourtant se réservent le plus rude de la besogne, sont encore superbes à cinquante ans. Sur tout cela consultez les physiologistes, vous les verrez d'accord avec les peintres et les statuaires.

Ménagère ou courtisane, s'est écrié Proudhon en parlant de la femme, sans s'arrêter à cette expression brutale et peu aimable, qui était dans les habitudes de style du célèbre écrivain, qui fut ouvrier typographe pendant plusieurs années, nous reconnaissons avec lui que la famille est le seul milieu pour la femme, et que lorsqu'elle se crée une vie systématiquement en dehors, elle cotoie les abîmes et parfois s'y précipite.

Le métier qui, pour elle est le premier de tous, qu'elle préfère, qu'elle remplit le mieux, à son plus grand avantage et à celui de tout le monde, c'est celui de ménagère, c'est-à-dire ministre de l'intérieur et des finances de l'ouvrier. C'est elle qui est chargée de faire et de régler la dépense dans les détails; le mari gagnant la plus grosse part des revenus, remplit un peu le rôle d'un pensionnaire peu prévoyant qui se laisse nourrir comme un enfant. La femme seule peut faire les économies courantes sur les mille détails relatifs à la dépense principale de la famille, la nourriture. C'est elle aussi qui peut, au jour le jour, amasser les sommes nécessaires aux grosses dépenses éloignées, éventuelles ou périodiques, loyer, vêtements, approvisionnements de toutes sortes. De là ce vieil adage : « La femme ruine ou élève la maison. »

Destinée à être la compagne de l'homme et non son ennemie, en parcourant le chemin aride de la vie, sa véritable place est dans le sanctuaire de sa famille et non dans l'atelier; son rôle sur terre est de donner aux siens l'exemple des plus nobles vertus, d'établir autour d'elle cette véritable solidarité qui doit procurer le bonheur, objet constant de nos rêves, son cœur riche d'amour a besoin d'aimer, absolument comme un sol fécond, riche de feu et de sève, a besoin de produire.

Ce qu'elle donne à la production industrielle, elle le retire à l'économie domestique, domaine de sa souveraineté, elle en prive sa famille, dont elle est le lien sympathique, dans laquelle les services sociaux qu'elle peut rendre sont bien supérieurs en résultats matériels et moraux, aux services qu'on peut attendre de son incorporation dans une imprimerie pour bourrer des lignes.

Si nous examinons attentivement l'organisation nouvelle de l'industrie typographique, telle que l'expérimentent certains esprits avides de réformes, nous la voyons, par suite de l'absence de la vie de famille, non moins fâcheuse au point de vue social qu'au point de vue humanitaire, frappée d'un grand vice. L'ouvrier quitte son domicile le matin et vit à l'imprimerie jusqu'au soir. Comme le ménage est pauvre par suite de l'insuffisance du salaire du mari, la femme est obligée de travailler, elle quitte aussi la maison pour gagner un peu d'argent de son côté. S'il y a des enfants on les confie à une voisine ou à quelque établissement créé pour les recevoir, s'ils ne sont pas à vagabonder. La mère absente ne peut protéger ces petits déshérités, les élever, les moraliser, en leur donnant la nourriture et l'instruction, en faire des êtres honnêtes et bons ; la société ne peut rien attendre de ces enfants abandonnés à la merci de tous les hasards, de toutes les fatalités, dans ce combat de la vie que notre civilisation rend implacable. Devenus des hommes, quelques uns semblent avoir pris à tâche la perte de leurs semblables ; ils paraissent avoir le mal pour but de leurs actes, conséquence inévitable des misères de l'abandon dans le premier âge.

Pendant la journée toute cette famille est dispersée, elle se réunit dès que la nuit arrive; que trouve l'ouvrier quand il rentre exténué de fatigue, sans avoir vu sa famille de la journée? A-t-il des distractions, quelque soulagement à ses amertumes continuelles? Non, le foyer est froid et désert; la femme dehors n'a pu entretenir la flamme de ce centre aimé d'où rayonne tout le bonheur de la maison; elle revient en même temps que le mari, le corps et les vêtements saturés des odeurs infectes de l'atelier, maussade et plus fatiguée que lui. Ces deux êtres, forçats volontaires rivés à la même chaîne de misère, se retrouvent tristes et incapables d'apporter un peu de joie dans la maison. Les enfants sont dans un coin, le ventre creux, imitant la tristesse de leurs parents; car l'enfant est porté à l'imitation de la douleur autant qu'à celle du plaisir. On allume à la hâte un peu de feu pour préparer le repas, et, après avoir mangé des aliments mal cuits, on demande au sommeil de réparer des forces que le souper n'a pas renouvelées. L'espoir est banni de cet intérieur, car le lendemain et les jours suivants, les deux infortunés recommenceront cette sombre existence, que ne vient jamais éclairer un rayon de soleil ni une lueur d'amour.

L'ouvrier, dans cet enfer, étranger aux joies et aux douceurs du foyer domestique, se dérobe aux influences bienfaisantes de son cercle immédiat, se laisse plus facilement entraîner sur la pente des utopies. Mécontent avec quelque raison de son sort, lassé de ramer sans cesse, depuis son enfance, sur la rude galère du travail, sans l'espérance d'en sortir, il s'en prend à la société qu'il taxe d'injustice, et cherche quelquefois dans les revendications sociales le remède à une situation dont il ressent tous les inconvénients. L'on ne peut attribuer les grands et terribles bouleversements, les luttes sanglantes, les nombreuses existences brisées, les troubles profonds dans l'économie générale, qu'à ces misères prolongées et si héroïquement supportées par le travailleur, qui n'a jamais été une recrue pour la grande armée du mal.

Mais au contraire, si la douce compagne reste à la maison, c'est le paradis sur la terre, que l'homme travaille, qu'il apporte seul, qu'il ait le suprême bonheur de se fatiguer pour elle, en la garantissant de la peine du labeur et des froissements de l'atelier. Le soir il rentre brisé par la fatigue, les ennuis de toutes sortes ont passé sur sa tête, il arrive peut-être humilié par celui dont il dépend, trouve en sa maison un infini de bonté, une sérénité si grande qu'il doute de la cruelle réalité subie toute la journée. Ce déshérité de la fortune éprouve un sentiment de fierté, d'avoir comme les heureux de la terre un intérieur, tout petit il est vrai, pour se retremper et redevenir un homme pendant quelques heures, après avoir été une machine à production. La femme, protégée, nourrie par son soutien naturel, refait sa pensée, et en le plongeant dans un océan de félicité, lui donne de nouvelles forces, qui lui permettront de recommencer le lendemain la lutte ardente de l'existence.

Les moralistes et les économistes de salons n'ont point d'expressions assez amères pour essayer de faire honte aux ouvriers typographes de leur opiniâtreté à vouloir évincer la femme de l'imprimerie. Ils nous disent : « Mais vous ne comprenez donc pas, malheureux, que ces femmes que vous repoussez, ce sont vos épouses, vos sœurs, vos filles! Si l'ouvrier veut fermer partout la porte de l'atelier à la femme, que deviendra-t-elle? Elle n'aura plus que la prostitution pour ressource et la démoralisation s'étendra sur toutes vos familles, parce que vous violez le droit qu'ont les faibles, comme les forts, de vivre en travaillant. » A pareil langage, voici ce que répondit notre vieux confrère Corbon, ancien vice-président de l'Assemblée nationale de 1848, aujourd'hui sénateur :

« Admettons que dans un grand nombre d'ateliers l'élément féminin se substitue à l'élément masculin, qu'arrivera-t-il de cette substitution? Rien que de mal. Vous voulez ouvrir une nouvelle carrière aux femmes, mais avez-vous songé à en ouvrir une aux hommes que vous mettez sur le pavé? Que deviendront les ouvriers remplacés par les ouvrières? Leur conseillerez-vous de refluer vers l'agriculture, qui manque de bras? Mais tâchez donc d'abord de détourner le travailleur agricole de sa tendance à affluer vers les grands centres; tâchez donc de faire que les capitaux retournent à l'agriculture, et non seulement l'ouvrier des champs ne voudra plus tant déserter, mais encore vous pourrez dire à l'ouvrier de la ville : « Va t'embaucher à la ferme! »

Avez-vous trouvé ce moyen tant cherché de rappeler les capitaux à la terre? Non. Eh bien! cherchez-le avant de pousser aussi imprudemment les hommes en dehors des ateliers, sous prétexte d'ouvrir un nouveau débouché au sexe faible.

Étant donné qu'il n'y a du travail que pour dix personnes, par exemple, quel avantage y a-t-il à ce que ce travail se fasse par les femmes au lieu de se faire par les hommes? Ceux-ci se croiseront les bras pendant que celles-là porteront le poids? La belle invention!

Si vous êtes animés réellement, sincèrement par le désir d'augmenter tout à la fois la moralité et le bien-être de la classe laborieuse, ingéniez-vous à trouver un autre moyen que celui de remplacer l'homme par la femme, sans avoir rien à indiquer en échange à l'ouvrier exproprié, car si quelques exploiteurs doivent y gagner dans les premiers temps, la société tout entière y perdra énormément. Efforcez-vous plutôt à créer, pour le travail de la femme de nouveaux débouchés, afin qu'elle puisse demeurer chez elle, en bonne compagnie. Si votre imagination est stérile, si vous ne pouvez franchir le cercle étroit des données actuelles de la science, si vous n'entrevoyez rien au-delà ne vous en prenez qu'à votre couardise intellectuelle et morale, et taisez-vous. Cela vaudra beaucoup mieux que de blâmer les ouvriers typographes, dont les déterminations instinctives dépassent de mille coudées votre pauvre sagesse. »

Depuis vingt-cinq ans que ce langage a été tenu, aucune réforme n'a été tentée en faveur de la femme ; nous voyons toujours des couturiers aller essayer les robes aux dames, de grands et solides gaillards quitter les rudes travaux des champs pour venir exercer l'emploi de commis dans la soierie, les rubans ou les fleurs, aux écritures dans les maisons de banque, dans les grandes administrations publiques ou privées ; toutes occupations efféminées qui seraient mieux remplies par les femmes que par ces paysans frais émoulus de la charrue. Ce qui montre bien que la société actuelle impose au corps et à l'âme une véritable mutilation, en condamnant les uns à exercer des fonctions matérielles en opposition avec leur organisation physique, ensuite qui dit aux autres : vous êtes nés avec un tempérament robuste qui a besoin d'exercice et de développement, mais je vous oblige en vertu de mes préjugés, à vous livrer exclusivement à une occupation purement intellectuelle, sinon contemplative. Cet état social n'est pourtant pas le dernier terme auquel l'humanité doit parvenir.

Pendant ce temps, la femme court toujours les mêmes dangers dans l'atelier : Au point de vue matériel, d'abord, un labeur excessif ; car, quel que soit le rôle qui lui est donné dans la répartition du travail, ce travail est toujours bien fatigant, lorsqu'il dure pendant de si longues heures, et, surtout lorsqu'il se renouvelle pendant trois cents jours de l'année : Cette femme n'a pas eu le loisir seulement d'avoir une jeunesse, d'être jolie ; il y a longtemps qu'elle a renoncé à être femme pour être ouvrière, ses vingt-cinq ans en représentent bien quarante. Comment peut-il en être autrement, si elle ne possède pas le calme et la sérénité de l'âme, qui permettent de mettre en jeu toutes les ressources du cœur et de l'esprit.

Ceux qui l'ont introduite dans l'imprimerie se sont-ils enrichis, non ! ils n'ont obtenu d'autre résultat que celui de jeter la perturbation dans notre industrie, à créer des éléments de lutte et des ferments de haine, en jetant sans motifs sur le marché du travail, un nombre considérable de bras qui sont venus diminuer la somme de travail et conséquemment de salaire nécessaire pour les besoins de l'ouvrier. Au point de vue moral, le relâchement des liens de famille, la privation de la possibilité de donner à ses enfants les soins qui leur sont nécessaires : Au point de vue hygiénique, une santé souvent mise à l'épreuve, la souffrance et les soucis; sans parler des conséquences d'un tel régime sur la conservation et le développement des générations qui sortent des ateliers, conséquences que signalent d'une façon bien tristement éloquente, la statistique des conseils de révision, et la proportion exceptionnelle des conscrits réformés dans les arrondissements ouvriers de Paris.

On s'étonne que le chiffre des naissances diminue! On est surpris du dépeuplement de la France, où la natalité, par une déchéance continue et rapide, est arrivée aujourd'hui à des proportions si basses que, tandis que le chiffre moyen des naissances sur mille habitants, est de 38,5 par an chez les Prussiens, il n'est que de 26 dans notre pays. Cette disproportion dans l'accroissement de la population des deux pays, doit être pour nous un sujet de méditations; les peuples faibles étant destinés à être absorbés tôt ou tard par les peuples forts, il serait temps de réagir contre ce danger. Il y a avantage pour notre pays à posséder une population nombreuse, puisque l'ouvrier et le paysan français, produisant beaucoup plus qu'ils ne consomment, contribuent pour la plus grande part à la prospérité nationale et à son influence dans le monde.

L'amour de l'humanité est certainement un sentiment noble, et nous devons envers tout être humain, quelle que soit sa nationalité, faire preuve de sympathie et de justice ; mais il y a place aussi pour l'amour de sa patrie, cette famille agrandie. Ces deux sentiments ne se combattent pas, car on peut identifier le progrès de l'humanité avec le progrès de sa patrie. De même qu'on peut aimer sa patrie et sa famille, on peut aimer aussi l'humanité, cette patrie de tout être humain. Après les grands désastres qui sont venus fondre sur nous pendant l'invasion, sans être chauvin, il est permis à tous les Français qui aiment leur pays, qui s'intéressent à son extension dans le monde par les sciences et les arts, d'examiner quel sera, dans un avenir rapproché, la situation de notre France par rapport à nos voisins d'outre Rhin.

Actuellement, en 1883, la population de la France est de 37 millions et celle de l'Allemagne 46 millions. Supposons que pendant cinquante ans l'Europe ne sera déchirée par aucune guerre, et admettons que les frontières seront en 1932, ce qu'elles sont en 1883, que rien ne soit changé dans la vie sociale des deux pays, et que l'accroissement annuel des deux pays suive la même marche que depuis vingt ans : En 1932 la Prusse aura 83 millions d'habitants et la France n'en possédera que 44 millions (1). Donc, alors que maintenant, pour la population, nous sommes à peu près sur le même rang que les grandes nations de l'Europe, dans cinquante ans, si rien n'est changé, nous ne serons plus qu'au sixième rang, et peut-être même appelés à tomber beaucoup plus bas encore, à devenir une des moindres nationalités, après avoir été la première des nations civilisées par le nombre de ses habitants.

Comme entre nations civilisées la victoire définitive est aux gros bataillons, nous serions bientôt condamnés, si rien n'arrêtait ce mouvement de décroissance, à être vaincus et conquis dans un temps déterminé, à moins que par les progrès de la raison publique, la guerre ne soit abrogée dans cette partie du monde, avant que la disproportion numérique ne devienne trop grande entre les Allemands et nous ; ou bien seuls encore à prêcher et à pratiquer cette abrogation, et uniquement oc-

(1) *Accroissement de la population française*, par C. Richet.

cupés de nous organiser pour le bonheur, en ne voulant désormais influer sur le monde que par le spectacle d'un peuple heureux, nous soyons tellement préparés à la guerre défensive, que notre sol soit un volcan dont le pied de l'envahisseur déterminerait l'éruption.

Que l'on compare le présent au passé, que l'on envisage l'avenir et l'on verra qu'il y a pour la France, dans cette énorme disproportion, un péril imminent, le véritable danger social. Quoique ces chiffres expriment un fait aussi certain que les faits les plus irréfutables de la géométrie ou de la chimie, nous croyons que la société française n'est pas condamnée à décroître ; il y a encore assez de vigueur et d'énergie dans notre race pour qu'elle ne se résigne pas à succomber devant la race teutonique, comme la civilisation romaine disparut sous les efforts des hordes de barbares. Pourtant il faut regarder ce péril en face, afin de pouvoir le combattre plus tard ; il y a des blessés que la vue de leurs plaies épouvante et qui se voilent les yeux quand le chirurgien écarte les linges qui couvraient la blessure ; ayons plus de courage et plus d'héroïsme que ces malheureux, sachons voir le mal qui nous ronge.

Certains économistes, ayant une opinion diamétralement opposée, disent : Voici la Chine avec ses 400 millions d'habitants, que nous allons comparer avec la Belgique, qui compte parmi les plus petits pays de l'Europe, est-ce que les 5 millions de Belges ne pèsent pas plus dans les destinées du monde civilisé que les Chinois. Si une guerre éclatait entre ces deux pays, le résultat n'en serait pas douteux. Par la supériorité de leur armement, la valeur et l'intelligence des officiers et des soldats, la petite armée belge écraserait sans doute l'immense masse d'hommes que mettrait en ligne le Céleste-Empire.

Cet argument, qui à première vue paraît avoir une certaine force, n'est pourtant que spécieux, attendu qu'en ce moment il n'est pas question d'un peuple barbare très-nombreux et d'un peuple civilisé peu peuplé. Il s'agit simplement de la situation de la France vis à vis de l'Allemagne, et de la puissance redoutable que donnerait à notre pays une population plus considérable et surtout plus vigoureuse.

Aussi il arrive que plus le temps marche, plus les qualités physiques disparaissent, puisque dans ces dernières années, le gouvernement français, en présence de la dégénérescence de la race humaine, conséquence inévitable de l'introduction de la femme dans l'industrie, s'est trouvé dans la nécessité de baisser la taille minimum des soldats, de 1m56 à 1m54. Pour se convaincre que chez nous la moyenne de la taille est dans un état d'infériorité remarquable, il suffit de regarder défiler dans la rue un bataillon d'infanterie. On se demande même, comment ces petits hommes qui ne rachètent point cette infériorité de taille par la largeur des épaules et la solidité des membres, peuvent supporter, pendant les marches, le poids du fusil et de leur sac. Si une guerre vient à éclater, ces jeunes soldats dont la santé chancelante est compromise par des fatigues au-dessus de leurs forces, remplissent les ambulances au bout de quelques jours ; ce sont des non-valeurs très-coûteuses pour le budget ; c'est ainsi que l'on a des effectifs qui fondent dès le début d'une campagne.

Au point de vue médical, comme il est peu de femmes qui ne soient indisposées mensuellement, il est barbare de leur offrir une profession dans laquelle, par suite de l'intoxication des molécules de plomb, de grandes perturbations s'opèrent dans leur organisme, les expose à l'avortement, à toutes les chloroses de l'affaiblissement, aux névroses de l'irritation. Presque toujours maladives, se plaignant continuellement de douleurs dans le dos, dans la tête, ces malheureuses au teint jaune, amaigries, ont des retards fréquents de quelques jours à six semaines, puis quand le flux arrive, c'est sous l'aspect de véritables pertes. Il peut aussi survenir dans la main droite qui compose et distribue, une faiblesse accompagnée de tremblement, quelquefois encore le pouce de la main gauche qui maintient la lettre dans le composteur, est frappé de paralysie. Le tremblement proprement dit, à oscillations visibles des membres, augmente à l'inverse de celui des alcooliques, par la fatigue vers la fin de la journée ; il apparaît ordinairement après un travail de peu d'années.

Ce qui caractérise surtout l'empoisonnement de la femme, c'est le liséré bleu à la gencive supérieure au niveau des sertissures dentaires, avec accompagnement d'une saveur sucrée ou styptique, sa bouche est pâteuse, son haleine fétide; ensuite arrivent les violents maux de tête, les mouvements brusques et convulsifs, ainsi que l'affaiblissement des facultés intellectuelles ; ces symptômes prodromiques sont relativement plus rares chez les jeunes compositrices, n'ayant que quelques mois d'exercice du métier. Le liséré a fixé particulièrement l'attention du docteur Grisolle, qui s'est demandé si ce ne serait pas un simple accident local. Il est arrivé à démontrer que le sulfure de plomb qui constitue ce liséré se forme de la manière suivante : Les particules plombiques existant dans l'air de l'imprimerie, pénètrent dans les voies aériennes par le nez et la bouche ; mais il existe dans le produit de la sécrétion du périoste alvéolo-dentaire, de l'acide sulfhydrique qui donne un sulfure de plomb sur place, et dénote la présence des molécules de plomb qui se sont déposées autour des dents. Ce plomb n'est donc pas absorbé, puis éliminé par les gencives, mais seulement déposé en cet endroit.

L'influence du plomb transmis par le compositeur d'imprimerie à son enfant, est tout aussi réelle que celle transmise par la mère, cependant elle est infiniment moins malfaisante ; cela tient dit le savant docteur Constantin Paul, à ce que chez la mère, l'intoxication produit son effet sur l'organisme, non seulement au moment de la conception, mais encore pendant toute la durée de la grossesse. Il est bien évident que le plomb n'ayant d'action que pendant un temps dont la durée est limitée, s'élimine si l'absorption ne se fait pas tous les jours.

Nous ne parlerons pas de la phthisie tuberculeuse, deux fois plus fréquente chez ceux qui manient le plomb que chez ceux qui travaillent le fer et le cuivre, par l'aspiration des poussières ; mais afin de ne laisser aucun doute dans l'esprit de nos lecteurs, après les découvertes concluantes faites par les princes de la science sur l'empoisonnement plombique, auquel la compositrice est assujettie d'une façon permanente, nous ajouterons qu'il résulte des observations tirées d'un compte rendu présenté à la Société de Biologie, en janvier 1861, par M. le docteur de Luys, secrétaire, que l'intoxication saturnine qui se fait lentement, amène chez les gens qui y sont exposés, une espèce d'état chronique dans lequel le produit de la conception ne peut plus se développer, et meurt en général pendant la vie utérine. Quand par hasard il a échappé à ce danger, cet être chétif, maladif, d'une constitution déjà épuisée en naissant, traîne misérablement ses jours dans des souffrances continuelles ; succombant lentement aux progrès d'un mal qu'il avait contracté dans le sein de sa mère, il meurt presque toujours dans les trois premières années. En outre, de nombreux cas d'imbécilité, d'idiotie, d'épilepsie, etc., observés dans les familles, ont attiré l'attention des gens spéciaux, sur l'étude de l'intoxication plombique, ils y ont vu une cause de dégénérescence de la race.

A ce point de vue spécial 31 femmes ayant été examinées, ont eu 141 grossesses pendant qu'elles s'exposaient au plomb par le toucher, et par l'absorption des poussières de l'imprimerie et de la fonderie. Sur ces 141 grossesses constatées, il y a eu 82 avortements, 4 accouchements prématurés, 5 morts-nés, 20 enfants morts dans la première année, 8 enfants morts dans la deuxième, 7 enfants morts dans la troisième, 1 autre est mort plus tard, 14 seulement ont pu parvenir au delà de trois ans ; les autres ont presque tous succombé à des affections cérébrales, à des convulsions.

Toutefois, il arrive que les avortements ne se présentent pas toujours, chez quelques compositrices, aussi fréquemment que la statistique relevée plus haut l'indiquait, il faut l'attribuer à ce fait que les fonctions et mouvements nécessaires à la composition étant incompatibles avec l'état avancé de la grossesse; ces femmes ordinairement peu robustes se trouvant forcées d'abandonner momentanément leur profession, se soustraient naturellement par cela même à l'influence du composé plombique pendant tout le temps de la gestation. Il n'en est pas moins vrai que l'issue fatale se réalise, donne lieu ensuite à des désordres graves, à des malaises insupportables, qui troublent pendant des années l'existence de ces femmes.

De même que, chez la femme atteinte de syphilis, la mort du fœtus peut être considérée comme le premier symptôme de la syphilis héréditaire, chez la femme atteinte d'intoxication saturnine, la mort du fœtus pourra, si elle est fréquente, être considérée comme un phénomène héréditaire de l'intoxication. D'un autre côté, l'enfant d'une mère syphilitique qui a échappé à cette première cause de mort, pourra plus tard présenter des symptômes de syphilis. Si donc l'enfant d'une femme atteinte de cachexie saturnine venait au monde vivant, et qu'il fut pris, dès les premières années de sa vie, de certaines maladies, il ne serait pas déraisonnable de considérer ces maladies comme des accidents héréditaires de l'intoxication saturnine.

Les physiologistes ayant parlé, les économistes

n'ont plus rien à dire après les faits énumérés plus haut, mettant à nu les plaies les plus hideuses de l'industrialisme moderne ; il faut bien se rendre à l'évidence et constater, en dépit des partisans de la liberté de l'offre et de la demande, que la perpétuation de la race, partant la prospérité de la société capitaliste même, court les plus grands périls.

Les imprimeurs et éditeurs qui ont accusé les typographes parisiens d'avoir manqué de patriotisme pendant la dernière grève parce qu'ils demandaient un salaire qui leur permit de vivre en travaillant, ceux-là, disons-nous, qui sont allés en Prusse chercher des ouvriers pour remplacer les leurs, et n'en ayant ramené qu'un nombre insuffisant, se sont rejeté, pour remplir leurs ateliers, sur des malheureuses femmes arrachées à leurs familles par l'appât d'un salaire momentanément plus rémunérateur, nous les mettons au défi de prouver que la femme est faite pour la vie d'atelier, à une époque où les progrès de la science tendent à transformer les moyens de fabrication du blanc de céruse et autres métiers dangereux, pour conserver la vie plus longue aux ouvriers qui périssent jeunes dans ces genres de productions ? N'est-il pas inhumain d'ouvrir à la femme un métier qui anéantit chez elle le principe de la maternité, la détache du foyer domestique, l'oblige pour vivre d'accepter un travail malsain, d'entrer dans un atelier aux émanations insalubres, avec la certitude d'y abréger son existence ; où l'air respirable est empoisonné au point que les animaux domestiques, tels que les chiens et les chats, qui hantent nos imprimeries, meurent presque tous de convulsions.

Cela dit, il reste incontestable que le travail imposé à la femme dans l'atelier typographique, est inhumain et contraire aux intérêts publics ; il compromet sa santé, désorganise la vie de famille, porte un préjudice énorme au pays, à son développement et à sa sécurité, par les conséquences qu'il peut avoir pour les enfants à naître dans un tel milieu.

Ce triste bilan de la mortalité à inscrire dans le navrant martyrologe de l'industrie, la joie des malthusiens, suffirait pour faire éloigner la femme de l'imprimerie, que quelques industriels aux abois y ont introduite pendant la grève de 1878, malgré les résultats négatifs des précédentes tentatives, afin de paralyser les revendications légitimes de la typographie parisienne ; créant ainsi une déplorable situation que nous subissons momentanément, en attendant des jours meilleurs qui ne tarderont pas à venir. Par humanité, autant que pour lutter contre la diminution des salaires, nous avons raison de ne pas vouloir travailler avec la femme ; car, à salaire égal, le patron, s'apercevant qu'elle ne lui rend pas les mêmes services que l'homme, dont la moyenne de la force physique est à celle de la femme comme trois est à deux, lui diminuera d'autant le taux de ce salaire, qu'elle n'a jamais su défendre dans aucun pays, il suivra incontestablement la pente d'avilissement qu'il a déja subi dans les autres spécialités féminines. Le salaire actuel étant à peine suffisant, la diminution du budget des recettes de la classe ouvrière doit nécessairement causer un appauvrissement de vie physique, et, par suite, de vie intellectuelle et morale.

Il suit de là que la femme en bonne physiologie, c'est-à-dire d'après les lois naturelles, doit être affranchie du travail industriel. Un célèbre publiciste a dit avec raison : La première et suprême fonction de la femme est de mettre au monde des enfants fortement constitués, sains, robustes; de les nourrir, de les élever. A la femme d'administrer son ménage. Elle ne doit faire que ce qu'elle peut sans quitter le toit maternel quand elle est fille, la maison conjugale quand elle est femme; ses bras, berceau naturel de ses enfants, ne sont pas faits pour servir aux fonctions industrielles. Pour cela l'homme doit la nourrir, tel est le devoir sévère que manifeste même la plus grossière sociabilité, qui se développe et se perfectionne à mesure que l'évolution humaine s'accomplit. C'est ainsi que chez tous les peuples, la femme traitée à l'origine comme une esclave, voit sa position s'améliorer successivement, ainsi le veut la loi du progrès.

L'homme moderne est essentiellement un travailleur, un producteur; la femme est une harmonie; c'est en la sauvant des misères du travail où s'usent tes jours, cher lecteur, que tu la tiendras dans cette charmante noblesse qu'ont seuls les femmes et les enfants, ravissante aristocratie de l'espèce humaine. Elle est ta noblesse à toi, pour te relever de toi-même. Si tu reviens de l'imprimerie, haletant, brisé d'efforts, elle, jeune et préservée, te verse la jeunesse, te rend un flot sacré de vie, et te réconforte d'un baiser.

Sans nous bercer de la douce illusion que notre faible voix sera entendue, si nous voulons que la France ne devienne pas la terre des morts, et ne descende à l'état de marasme et de décadence dans lequel sont tombés les peuples qui avaient été les arbitres du monde, il faut, par une série d'efforts prolongés de la part de tous les intéressés au bien général, fermer à la femme les professions qu'elle ne peut exercer sans courir d'incessants dangers, et lui ouvrir de nouveaux débouchés, sans exproprier l'ouvrier de son unique propriété, le savoir professionnel, que Turgot appelait à juste raison le patrimoine du pauvre. C'est aussi pour tous, la plus sacrée et la plus inviolable de toutes les propriétés, car elle est la source originaire de toutes les autres.

Tout en reconnaissant à chacun le droit imprescriptible de travailler, nous ne cesserons de répéter que protection est due à la femme contre les abus de la liberté illimitée du travail et que l'abaissement de la valeur des produits ne doit jamais être obtenu aux dépens de la santé de ceux qui travaillent. Penser autrement nous semble n'avoir droit qu'à la sollicitude des aliénistes. Le problème est posé, il entre dans le programme d'un gouvernement vraiment républicain de mettre d'invincibles obstacles à cet immoral moyen de concurrence mal calculé, en faisant disparaître cette plaie honteuse de l'esclavage industriel de la femme. S'inspirant du sentiment de justice, il rendra possible la fin des iniquités sociales, en s'efforçant de relever la dignité de la femme, outragée pendant tant de siècles de barbarie, et la vengera ainsi de la longue déchéance sous laquelle une civilisation malsaine ou incomplète l'avait maintenue.

Paris. — Imprimerie nouvelle (Assoc. ouvr.), 11, rue Cadet.
G. Masquin, directeur.

www.ingramcontent.com/pod-product-compliance
Lightning Source LLC
LaVergne TN
LVHW011954160826
845678LV00002B/529

* 9 7 8 2 3 2 9 6 8 4 8 8 8 *